*Theaterwerkstatt PEPPERMINT 2017/18
des Theaterpädagogischen Zentrums Brixen*

Ohne euch wäre das Stück nicht entstanden!

Heidi Campidell Troi

Die Schildbürger

Ein Kindertheater des

Theater.Pädagogisches.Zentrum
theater & film

© 2018 Heidi Campidell Troi

Verlag: tredition GmbH, Hamburg

ISBN Paperback   978-3-7469-3238-5
ISBN Hardcover   978-3-7469-3239-2
ISBN e-Book   978-3-7469-3240-8

Das Werk, einschließlich seiner Teile, ist urheberrechtlich geschützt. Jede Verwertung ist ohne Zustimmung des Verlages und des Autors unzulässig. Dies gilt insbesondere für die elektronische oder sonstige Vervielfältigung, Übersetzung, Verbreitung und öffentliche Zugänglichmachung.

Informationen zum Projekt:

Text: Heidi Troi

Dauer: ca. 30 Minuten

Spieler*innen: 8 (erweiterbar)

Das Stück wurde im April 2018 im TPZ Brixen mit der Theaterwerkstatt PEPPERMINT des TPZ Brixen (Alter zwischen 10 und 14) uraufgeführt.

Regie: Heidi Troi und Nathaly Ebner

Aufführungslink https://youtu.be/iSrAzKw5QOA

Zur Umsetzung:

Es gibt drei Rollen mit mehr Text, die restlichen Rollen (Schildbürger) können auf beliebig viele Kinder aufgeteilt werden.

Einige Stellen bieten Freiraum für die eigene Kreativität der Kinder.

So sind die Choreographien (Rathaus bauen, Salz ausstreuen, Schlussszene) in unserem Stück von den Kindern selbst entwickelt worden und daher in dem Text nicht näher beschrieben.

Wer sich von unserem Stück inspirieren lassen möchte, ist herzlich eingeladen, es sich unter dem angeführten Link anzuschauen.

Kostüme:

Die Reporter sind seriös gekleidet, die Schildbürger anfangs ebenfalls, dann entscheiden sie sich für eine bunte, schrille Mode. Wir haben genutzt, was in den Kleiderschränken der Kinder zu finden war.

Das dreieckige Rathaus:

Dieses Problem wurde bei uns dadurch gelöst, dass wir zwei Drahtseile spitz zulaufend Richtung Publikum gespannt haben. Zwei Leintücher bildeten so die sichtbaren Wände.

Google-Kasten:

Jedes Kind hatte zwei Wäscheklammer-Paare, die durch einen grellgelben Faden miteinander verbunden waren.

Zuerst verkabeln sich die Schildbürger miteinander, indem sie die Kabel mithilfe der Wäscheklammern von Ohr zu Ohr spannen, dann verkabelten sie ihre Gehirne mit dem Google-Kasten (Schachtel).

Die Rollen:

Reporter 1

Reporter 2

Reporter 3

Schildbürger 1

Schildbürger 2

Schildbürger 3

Schildbürger 4

Schildbürger 5

erweiterbar

Intro

Reporter 2, Reporter 1 und Reporter 3 begrüßen alle eintretenden Zuschauer und teilen Bleistifte und Zettel aus, auf welche die Zuschauer ihre Fragen schreiben dürfen.

Die Bürger von Schilda stehen auf der Bühne, elegant und korrekt gekleidet und verfolgen den Aufmarsch der Neugierigen fassungslos.

REPORTER 1

Kommen Sie und staunen!

REPORTER 2

Nutzen Sie die Gelegenheit!

REPORTER 3

Ein ganzes Dorf voll von Schlauköpfen!

REPORTER 1

Stellen Sie heute die Fragen, die niemand sonst zu beantworten weiß.

REPORTER 2

Fragen Sie und erhalten Sie endlich eine Antwort auf Ihre Fragen!

REPORTER 3

Wenn die Bürger aus Schilda nicht antworten können, dann kann es niemand!

REPORTER 1

Wie? Die Zahl Pi? Kein Problem? Bitte?

SCHILDBÜRGER 1

Pi steht, wie wir alle wissen, für eine mathematische Konstante, die als Verhältnis des Umfangs eines Kreises zu seinem Durchmesser definiert ist. Andere Namen dafür sind Kreiszahl, Ludolphsche Zahl oder Archimedes-Konstante. Die ersten zehn Stellen von Pi lauten 3,141592653.

Ich könnte Ihnen auch die nächsten zwanzig oder hundert Stellen aufzählen, aber was würde Ihnen das nutzen. Pi ist eine unendliche Zahl.

REPORTER 3

Was für ein schlauer Kopf!

REPORTER 2

Haben Sie gesehen? Wussten Sie das etwa auch?

REPORTER 1

Das sind die Bürger von Schilda, meine Damen und Herren! Andere Fragen?

REPORTER 2

Ja? Wie alt das Weltall ist?

Diese Frage ist sicher ein Kinderspiel für Sie, liebe Bürger aus Schilda, oder?

SCHILDBÜRGER 2

Es ist fast unter unserer Würde, darauf zu antworten. Wenn keine schwierigeren Fragen da sind ...

REPORTER 3

Nein, warten Sie? Wie man dem Hunger in der Welt beikommen kann?

SCHILDBÜRGER 3

Die Antwort darauf kennt jeder selbst. Aber sie zu akzeptieren ist nicht leicht.

REPORTER 3

Wir sind gespannt.

SCHILDBÜRGER 3

Teilen.

REPORTER 1

Diese ... Wow!

REPORTER 3

Klugheit!

REPORTER 2

Diese Weisheit!

REPORTER 3

Nur die Schildbürger können auf so eine einfache und gleichzeitig geniale Lösung kommen. Und jetzt liebes Publikum laden wir Sie ein, Ihre ganz persönliche Frage auf einen Zettel zu schreiben.

REPORTER 1

Schreiben Sie Ihre Fragen auf diesen Zettel.

REPORTER 2

Den Stift dürfen Sie dann behalten.

REPORTER 3

Wir lassen den Hut herumgehen und die Bürger von Schilda werden sich des Problems annehmen. Zusammen mit diesen Problemen, die wir überall auf der Welt eingesammelt haben.

Sie wuchtet einen Sack voller kleiner Zettel auf die Bühne. Die Bürger von Schilda schauen sich vielsagend an und verlassen die Bühne.

REPORTER 3

Wo sind sie jetzt hin?

REPORTER 2

Wir müssen sie zurückholen!

REPORTER 1

Auf alle Fälle!

REPORTER 3

Liebe Leute, die Versammlung ist leider beendet. Wir melden uns dann mit den Antworten!

ab.

Bild 1

SCHILDBÜRGER 1

Ich glaube, es reicht.

SCHILDBÜRGER 2

Es reicht vollkommen!

SCHILDBÜRGER 3

Habt ihr den Sack gesehen? So viele Fragen! So viele ungelöste Probleme!

SCHILDBÜRGER 4

Aber wir sind nicht für alles zuständig!

SCHILDBÜRGER 5

Sollen die ihre Probleme doch alleine ausmachen.

SCHILDBÜRGER 1

Genau.

SCHILDBÜRGER 2

Genau.

SCHILDBÜRGER 3

Genau.

SCHILDBÜRGER 4

Genau.

SCHILDBÜRGER 5

Also einstimmig beschlossen. Und was jetzt?

SCHILDBÜRGER 1

Wie werden wir die los?

SCHILDBÜRGER 2

Wie werden wir die los?

SCHILDBÜRGER 3

Wie werden wir die los?

SCHILDBÜRGER 5

Hmmm ...

SCHILDBÜRGER 1

Wir wandern aus!

SCHILDBÜRGER 2

Und lassen unser schönes Schilda im Stich?

SCHILDBÜRGER 3

Nein!

SCHILDBÜRGER 4

Nein!

SCHILDBÜRGER 1

Ihr habt recht. Hmmm.

SCHILDBÜRGER 2

Oh! Ich weiß! Wir tun so, als ob wir taub wären.

SCHILDBÜRGER 3

... und nicht verstehen würden, was sie sagen!

SCHILDBÜRGER 4

Genial, aber ...

SCHILDBÜRGER 5

... sie würden ihre Fragen weiterhin auf Zettel schreiben und wir könnten sie immer noch nicht lesen.

SCHILDBÜRGER 1

Hmm ...

SCHILDBÜRGER 2

Du hast Recht.

SCHILDBÜRGER 3

Nicht, wenn wir nicht mehr Deutsch verstehen könnten.

SCHILDBÜRGER 4

Super Idee, aber ...

SCHILDBÜRGER 5

Es gibt Übersetzer. In alle Sprachen ...

SCHILDBÜRGER 1

Also, auch nichts.

SCHILDBÜRGER 2

Zu blöd.

SCHILDBÜRGER 3

Ja, schade.

SCHILDBÜRGER 4

Ich hab's! Wir tun so als ob wir stumm wären.

SCHILDBÜRGER 5

... und sie würden uns die Antworten aufschreiben lassen.

SCHILDBÜRGER 1

Genau. Wollte ich auch grad sagen.

SCHILDBÜRGER 2

Ich auch. Stumm ... dumm ... Und wenn wir ...

SCHILDBÜRGER 3

Genau!

Die Schildbürger sehen sich erfreut an.

SCHILDBÜRGER 4

Was sind wir doch für schlaue Köpfe!

SCHILDBÜRGER 5

Wir sind einfach unschlagbar!

SCHILDBÜRGER 1

Bürger von Schilda, das ist DIE Idee!

SCHILDBÜRGER 2

Wir tun einfach so, als ob wir ...

ALLE

DUMM wären!

Sie stecken die Köpfe zusammen und beraten, was sie machen. Es folgt ein "Bing!" für die zündende Idee und sie verstreuen sich in alle Richtungen, um das Nötige zu besorgen.

Schildbürger ab.

2. Bild

REPORTER 3

Liebe Zuschauer, da draußen vor den Fernsehern, wir begrüßen ganz herzlich zu unserer Berichterstattung aus Schilda.

REPORTER 1

Keiner weiß, was da heute passiert, aber es muss etwas Besonderes sein.

REPORTER 2

Etwas, was die Welt verändert.

REPORTER 1

Etwas nie Dagewesenes.

REPORTER 2

Wir werden heute Zeugen sein von einem Ereignis der Weltklasse!

REPORTER 3

Vielleicht werden wir die Formel des vollendeten Glücks präsentiert bekommen.

REPORTER 1

Vielleicht sagen uns die Bürger aus Schilda, wie endlich der Frieden auf der ganzen Welt gesichert werden kann ...

REPORTER 2

… der Hunger besiegt werden kann …

REPORTER 3

… der Mensch ewiges Leben erlangen kann …

REPORTER 1

Gesundheit …

REPORTER 2

Intelligenz …

REPORTER 3

Was auch immer es ist: Es wird spannend!

REPORTER 1

Überwältigend!

REPORTER 2

Grandios!

REPORTER 3

Und da kommen sie schon unsere Lieblingsbürger! Aber was ist das?

Die Schildbürger betreten die Bühne. Sie sind bunt gekleidet, haben Kleidungsstücke falsch an (Hosen auf dem Kopf, ...).

REPORTER 2

Eine neue Mode?

REPORTER 1

Ein bisschen ... zu viel Farbe vielleicht, aber sonst ...

REPORTER 3

Meine lieben Bürger aus Schilda, ist es das, was ihr uns präsentieren wolltet? Eine neue bahnbrechende Mode?

3. Bild

Die Schildbürger kümmern sich nicht, um das, was sie gefragt werden, sondern spielen ihren ersten Streich durch: Sie bauen ein dreieckiges Rathaus.

Musik: z.B. „Der Entertainer"

REPORTER 1
Ich muss sagen, ich bin enttäuscht.

REPORTER 2
Schildbürger, was macht ihr da, wenn wir das fragen dürfen?

SCHILDBÜRGER 1
Wir bauen ein Rathaus.

REPORTER 2
Aha.

REPORTER 3
Aha.

REPORTER 1
Aha.

Die Schildbürger bauen weiter.

REPORTER 3

Aber das wird ja dreieckig!

REPORTER 2

Ein dreieckiges Rathaus?

REPORTER 1

Dreieckig, welche ... ungewöhnliche Idee ...

REPORTER 3

Ungewöhnlich? Genial ist diese Idee! Genial!

REPORTER 2

Genial? Wieso?

REPORTER 3

Ja, denkt einmal darüber nach! Wo gibt es schon ein dreieckiges Rathaus? Nirgends! Das wird eine Sehenswürdigkeit werden, wichtiger als der schiefe Turm von Pisa!

REPORTER 2

Ja logisch!

REPORTER 1

Genial!

REPORTER 3

Die Bürger von Schilda haben es einfach drauf. Genial!

Die Schildbürger sehen sich verzweifelt an, beraten kurz, sind sich einig und bauen weiter. Jetzt mauern sie die Fenster zu.

REPORTER 3

Ja, aber ... Bürger von Schilda, bitte glaubt nicht, dass ich euch kritisieren will, aber ...

REPORTER 2

... das Rathaus hat ja keine Fenster!

REPORTER 1

Ihr habt die Fenster vergessen!

Die Schildbürger beachten sie nicht und bauen weiter.

Als das Haus fertig ist, gehen sie hinein, die Reporter gehen. Es folgt ein Getöse und Geschrei.

Die Reporter kommen zerzaust und geschunden aus dem Haus.

REPORTER 1

Au!

REPORTER 2

Was soll denn das?

REPORTER 3

Ich weiß nicht. Mir tut alles weh!

REPORTER 2

Oh, ich weiß! Ich weiß!

REPORTER 1

Was?

REPORTER 2

Warum sie das machen! Im Dunklen kommt ihre Weisheit besser zur Geltung! Da merken sie, wenn ihnen ein Licht aufgeht! Der zündende Gedanke! Checkt ihr nicht?

REPORTER 1

Oh ja, natürlich! Klar!

REPORTER 3

Wie konnten wir nur so blöd sein. Weisheit braucht Finsternis!

REPORTER 2

Weisheit braucht Finsternis! Bürger von Schilda, ihr seid ja so genial!

REPORTER 1

Ich verneige mich vor eurer Klugheit!

Alle drei verbeugen sich ehrfürchtig vor den Schildbürgern.

Die Bürger von Schilda schauen sich verzweifelt an, beraten sich wieder. Dann holen sie Eimer und fangen Licht ein, um es ins Haus zu tragen.

REPORTER 3

Was tun sie denn jetzt schon wieder?

REPORTER 2

Das ist mir zu hoch!

REPORTER 1

Oh, ich weiß! Ich weiß!

Das ist symbolisch!

Sie fangen das Licht der Weisheit ein, schöpfen es mit Eimern und erleuchten damit die Finsternis!

REPORTER 3

Du bist ja so klug! Und die Schildbürger sind so …

REPORTER 2

… intelligent!

REPORTER 1

Soooo intelligent!!!

REPORTER 3

Vielleicht wollt ihr das Licht der Weisheit nutzen, um diese drängenden Fragen zu beantworten?

REPORTER 2

Habt ihr vielleicht jetzt Zeit für die Fragen?

Die Schildbürger verlassen fluchtartig die Bühne, die Reporter folgen ihnen.

4. Bild

SCHILDBÜRGER 1

Wir müssen es anders versuchen.

SCHILDBÜRGER 2

Wir brauchen eine Idee.

SCHILDBÜRGER 3

Irgendeine Idee.

SCHILDBÜRGER 4

Denkt. Denkt. Denkt. ...

SCHILDBÜRGER 5

Hmmm ...

SCHILDBÜRGER 1

Oh, ich weiß!

SCHILDBÜRGER 2

Ja?

SCHILDBÜRGER 3

Ja?

SCHILDBÜRGER 4

Ja?

SCHILDBÜRGER 5

Sag schon!

SCHILDBÜRGER 1

Lasst euch überraschen und macht mit!

Er beginnt zu weinen, fordert die anderen Schildbürger auf, mitzuweinen.

Die Reporter betreten die Bühne.

REPORTER 1

Kamera aus!

REPORTER 2

Was ist denn los, liebe Schildbürger?

SCHILDNÜRGER 1

Wir haben kein Salz mehr.

REPORTER 3

Aha.

REPORTER 1

Welche Botschaft wohl hinter dieser Aussage steckt?

REPORTER 2

Sicher wieder irgendetwas ganz besonders Intelligentes.

REPORTER 3

Sicher. Ihr habt also kein Salz mehr.

SCHILDBÜRGER 1

Nein. Und das ist ein Problem.

REPORTER 1

Soweit komme ich noch mit. Salz ist lebensnotwendig.

REPORTER 3

Du Intelligenzprotz ...

SCHILDBÜRGER 1

Wir bitten euch um eine Packung Salz.

REPORTER 3

Äh ja ... ich trage auch kein Salz mit mir herum ...

REPORTER 1

Aber ich ... immer.

Holt ein Päckchen Salz aus seiner Tasche.

REPORTER 2

Wieso hast du ...

REPORTER 1

Ein Salz für alle Fälle - du weißt schon ...

SCHILDBÜRGER 1

Danke.

Liebe Mitbürger, wir sind gerettet. Hier haben wir ein Päckchen Salz. Jeder bekommt jetzt eine Handvoll und das streut ihr auf eure Felder.

Die anderen Schildbürger nicken ernst, nehmen das Salz in Empfang und streuen es aus. Die Reporter schauen sich an.

REPORTER 3

Salz aussäen wollen die Schildbürger jetzt? Aber ...

REPORTER 2

... da ruinieren sie ja den ganzen Boden.

REPORTER 1

Auf Jahre können die Leute auf ihren Felder nichts mehr ernten. Warum machen die das?

REPORTER 3

Das weiß ich nicht.

REPORTER 2

Ich auch nicht.

REPORTER 3

Wir sind einfach zu dumm, um zu verstehen, warum die Schildbürger das tun.

REPORTER 1

Oder ...

Kramt in dem Sack mit den Fragen und zieht eine heraus.

REPORTER 1

Oder es ist die Antwort auf diese Frage: Wie können wir lernen mit unseren Ressourcen hauszuhalten?

REPORTER 3

Indem wir Salz säen?

REPORTER 1

Die Antwort ist: Nicht alles kann endlos gesät und also auch geerntet werden.

REPORTER 2

Du bist so ... intelligent!

REPORTER 3

Hast du vielleicht irgendwelche Schildbürger unter deinen Vorfahren?

REPORTER 1

Da müsste ich direkt einmal nachforschen. Aber schaut mal, was jetzt passiert!

Die Schildbürger haben den Reportern zugehört, verzweifelt die Köpfe geschüttelt und stumm beratschlagt.

Jetzt rennt einer mitten in das Salzfeld hinein, wird von den anderen zurückgerissen.

SCHILDBÜRGER 1

Lass das! Du zertrampelst doch die ganze Saat!

SCHILDBÜRGER 2

Stimmt. Aber wie sollen wir sonst die Vögel aus dem Feld bekommen?

SCHILDBÜRGER 3

Klatschen!

SCHILDBÜRGER 2

Nutzt gar nichts!

SCHILDBÜRGER 1

Vielleicht, wenn die Zuschauer mitklatschen?

SCHILDBÜRGER 3

Nutzt auch nichts. Was jetzt?

SCHILDBÜRGER 4

Weißt du was? Du setzt dich auf das Brett und vier von uns tragen dich dorthin wo die Vögel sind. Dann kannst du sie vertreiben!

SCHILDBÜRGER 2

So machen wir es!

Die Schildbürger tun, wie sie es ausgemacht haben.
ab.

REPORTER 3

Aber so zertreten sie doch ...

REPORTER 2

... die ganze Saat noch mehr als wenn nur einer in das Feld rennen würde.

REPORTER 1

Das verstehe ich nicht.

REPORTER 3

Das verstehe ich auch nicht.

REPORTER 2

Ich auch ... oder wartet einmal ... Ist das vielleicht die Antwort auf die Frage ...

Auch sie kramt im Sack herum, zieht einen Zettel heraus.

... Warum gibt es Krieg?

REPORTER 3

Wie meinst du das?

REPORTER 2

Na, statt dass die beiden Idioten, die miteinander streiten, einfach einen Boxkampf austragen, muss ein ganzes Volk gegen ein anderes aufmarschieren. Und dabei wird alles kaputt ... Ist nur so eine Idee ...

REPORTER 1

Genial!

REPORTER 3

Du bist so …

REPORTER 2

… intelligent. Ich weiß. Fast so intelligent wie du.

Reporter ab.

5. Bild

Schildbürger betreten mutlos die Bühne.

SCHILDBÜRGER 1

Die werden wir so nicht los.

SCHILDBÜRGER 2

Alles was wir tun, verdrehen sie so, dass es ausschaut, als hätten wir einen weisen Spruch getan.

SCHILDBÜRGER 3

Wie werden wir die bloß los?

SCHILDBÜRGER 4

Denkt. Denkt. Denkt.

SCHILDBÜRGER 5

Hmmm.

SCHILDBÜRGER 1

Hmmm

SCHILDBÜRGER 2

Hmmm

SCHILDBÜRGER 3

Hmmm

SCHILDBÜRGER 5

Hmmm

SCHILDBÜRGER 1

Das hast du schon gesagt.

SCHILDBÜRGER 5

Was?

SCHILDBÜRGER 1

Hmmm.

SCHILDBÜRGER 5

Ja, aber die ganze Situation ist doch absolut "Hmmm".
Du sagst doch auch nichts Anderes!

SCHILDBÜRGER 1

Ja, aber ich sage nicht zweimal dasselbe.

SCHILDBÜRGER 2

Hört mal auf, ich glaube, ich weiß etwas. Wie wäre es, wenn ...

6. Bild

Sie beraten leisen, alle sind begeistert und rennen in alle Windrichtungen davon.

Als sie wiederkommen, haben sie Wäscheklammern mit knallgelber Wolle angeknipst, mit denen sie sich zuerst über die Ohren miteinander, dann mit dem Kasten verbinden.

Reporter Auftritt.

REPORTER 3

Was passiert denn da schon wieder?

REPORTER 2

Sie verkabeln sich.

REPORTER 1

Sie werden doch ...

REPORTER 2

... ihre Gehirne zerstören.

REPORTER 3

Das wäre furchtbar. Dann könnten wir all diese Fragen nicht mehr ...

REPORTER 2

... fragen. Und sie wären nicht mehr intelligent!

REPORTER 1

He, Schildbürger, was tut ihr da?

SCHILDBÜRGER 1

Wir zapfen unser Wissen ab.

SCHILDBÜRGER 2

Und unsere Intelligenz.

SCHILDBÜRGER 3

Und speisen sie in diesen Kasten ein.

SCHILDBÜRGER 4

Damit wird das ganze Wissen allen Menschen zur Verfügung gestellt.

SCHILDBÜRGER 5

Niemand muss mehr uns fragen, ...

SCHILDBÜRGER 1

Niemand kann mehr uns fragen, denn wir haben kein Wissen mehr im Kopf.

SCHILDBÜRGER 2

Es ist alles da drin.

SCHILDBÜRGER 3

In diesem Kasten.

SCHILDBÜRGER 4

Wir haben diesen Wissenskasten Google getauft.

SCHILDBÜRGER 5

Jeder hat Zugang.

SCHILDBÜRGER 1

Jeder kann seine Fragen stellen.

SCHILDBÜRGER 2

Jederzeit.

SCHILDBÜRGER 3

Kostenlos.

SCHILDBÜRGER 4

Ihr könnt Google genauso blind vertrauen wie uns, denn es ist unser Wissen, das da drin ist.

SCHILDBÜRGER 5

Ich glaube, es wirkt schon langsam. Ich fühle mich total dumpf im Hirn.

SCHILDBÜRGER 1

Ja, benebelt.

REPORTER 3

So geht es mir auch immer.

REPORTER 2

Ja, als hätte man ein Brett vorm Kopf, nicht wahr?

SCHILDBÜRGER 2

Wo ist das Brett? Ich sehe kein Brett!

REPORTER 1

Es scheint tatsächlich zu wirken. Bei dem piept's wohl ...

SCHILDBÜRGER 2

Piepen? Piepen? Hört ihr's piepen?

SCHILDBÜRGER 3

Nein! Da piept nichts.

SCHILDBÜRGER 4

Piepen? Was ist das?

SCHILDBÜRGER 5

Ihr habt euch wohl verhört.

SCHILDBÜRGER 1

Piep. Piep. Piep ...

REPORTER 3

Schnell löst sie von den Kabeln! Sonst können sie nicht einmal mehr schnaufen vor lauter Dummheit.

Die Reporter beeilen sich zu tun, was Reporter 3 vorgeschlagen hat. Die Schildbürger stehen mit offenen Mündern und dümmlichem Gesichtsausdruck da.

REPORTER 3

Ihr seid jetzt total matschig in der Birne.

SCHILDBÜRGER 1

Birne?

SCHILDBÜRGER 2

Dirne.

SCHILDBÜRGER 3

Hirne?

SCHILDBÜRGER 4

Schirme?

SCHILDBÜRGER 5

Regen?

SCHILDBÜRGER 1

Platsch.

SCHILDBÜRGER 2

Matsch.

SCHILDBÜRGER 3

Hihihihi ...

Die Schildbürger kichern, popeln sich gegenseitig in der Nase herum, kugeln sich auf dem Boden.
Die Reporter schauen sich betreten an.

REPORTER 3

Das war wohl zu viel des Guten. Sollen wir ...?

REPORTER 2

Auf gar keinen Fall. Besser das ganze Wissen und die Weisheit stehen allen zur Verfügung als ein paar so Idioten.

REPORTER 1

Bin auch der Meinung. Wir sollten den Kasten schleunigst nehmen und irgendwo verstecken, wo niemand Unfug damit machen kann.

REPORTER 3

Nein! Das Wissen soll für alle zugänglich sein. Das war ihr Wunsch.

REPORTER 2

Das stimmt.

REPORTER 1

Na dann .... Kamera ein ... Liebe Zuschauer, daheim vor den Fernsehern und hier im Studio. Ich darf Ihnen eine gewaltige Neuerung verkünden.

REPORTER 3

Die ganze Weisheit der Menschheit ist endlich allen Menschen zugänglich gemacht worden.

REPORTER 2

Nicht mehr nur ein paar Schildbürgern. Jetzt sind endlich alle intelligent.

REPORTER 1

Hier in diesem kleinen Kasten stecken die Antworten auf alle Fragen.

REPORTER 3

Google.

REPORTER 2

Google.

REPORTER 1

Jeder darf fragen. Jeder wird schlau.

REPORTER 3

Kamera aus. Feierabend.

REPORTER 1

Ich geh jetzt eine Pizza essen. Und du?

…

Reporter ab.

7. Bild

Die Schildbürger schälen sich aus ihren Kostümen, steigen aus ihrer Rolle der Dummen aus.

SCHILDBÜRGER 1

Ob wir ihnen sagen sollen, dass da auch viel unnützes Zeug drin ist?

SCHILDBÜRGER 2

Und viel, das einfach falsch ist?

SCHILDBÜRGER 3

Fake News?

SCHILDBÜRGER 4

Dummheiten?

SCHILDBÜRGER 5

Bloß nicht! Wir haben es endlich erreicht, dass sie uns für dumm halten. Wenn wir sie jetzt warnen, machen wir alles kaputt was wir mühevoll aufgebaut haben.

SCHILDBÜRGER 1

Außerdem kommen sie schon selber drauf ...

SCHILDBÜRGER 2

... hoffentlich ...

SCHILDBÜRGER 3

... hoffentlich ...

SCHILDBÜRGER 4

... hoffentlich ...

SCHILDBÜRGER 5

... hoffentlich ...

SCHILDBÜRGER 1

Und sonst ...

Alle

... können wir immer noch eingreifen.

Ende

www.ingramcontent.com/pod-product-compliance
Lightning Source LLC
Chambersburg PA
CBHW030513220526
45464CB00006B/2783